BONAPARTE

A L'ÉCOLE DE BRIENNE,

PIÈCE EN TROIS ACTES ET QUATRE TABLEAUX,

PAR MM. J. GABRIEL, DE VILLENEUVE ET MASSON,

Représentée, **AVEC DES CHANGEMENTS,**
sur le théâtre de la Gaîté, à Paris, le 29 août 1855.

DISTRIBUTION DE LA PIÈCE.

Personnages.	*Acteurs.*
LE MINISTRE DE LA GUERRE..................	MM. Delaistre.
PATRAULT, Professeur de mathématiques...........	Julian.
ÆGIDIUS, Maître d'étude......................	Alexandre.
BONAPARTE,	Mlle Déjazet.
DARBEL,	Mme Cabot.
DE LESTRADE, Élèves de l'École de Brienne.....	Mlles Florence.
DU HAUSSET,	Élisa.
DE LIGNOL,	Blanche d'Alby.
DE VERVILLE,	Eugénie.
MOREL, Capitaine instructeur.....................	M. Clément Juste.
JOSÉPHINE, sa fille.......................	Mlle Augusta.
JACQUOT, neveu du portier de l'École..............	MM. Lasouche.
Un Officier d'état-major.......................	Lahalle.

Officiers, Professeurs, Élèves de l'École, petits Tambours, deux Domestiques du Ministre.

La scène est à Brienne, dans l'École militaire, vers la fin de 1783.

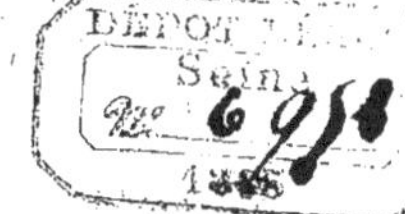

ACTE PREMIER.

Le théâtre représente une grande salle ouverte et vitrée, au fond, dans toute sa largeur; elle laisse apercevoir une classe garnie de tables et de pupitres. — Portes latérales, au deuxième plan. A droite, une carte géographique suspendue au mur. — A gauche, un tableau noir, avec des figures d'algèbre et de géométrie. — Sur le premier plan, une table recouverte d'un tapis vert. — Sur la table, un encrier, des plumes, du papier.

SCÈNE I.

JACQUOT et JOSÉPHINE, entrant par la gauche; DARBEL, DE LESTRADE, DE HAUSSET, DE VERVILLE, DE LIGNOL, Élèves dans la salle du fond, assis devant leurs pupitres, le dos tourné au public; ils travaillent.

JACQUOT, à la cantonade.

Holà! ho! Noirot, soyez calme, et restez en faction dans la première cour, vous et la cariole.

JOSÉPHINE.

Mon Dieu! que de détours dans cette école de Brienne! Impossible d'y reconnaître son chemin.

JACQUOT.

Les demoiselles, ça se comprend; vu qu' mon oncle, qu'est portier de l'établissement, n'a pas l'habitude d'en laisser rentrer... Mais comme il n'a pas non plus l'habitude de visiter ma cariole, j'ai pu, d'après l'invitation secrète de M. Patrault, notre professeur de mathéma-

C.

tiques, vous introduire ici sous le manteau de mes légumes. Maintenant que vous voilà dedans, Mademoiselle, que voulez-vous de moi?

JOSÉPHINE.

Je veux trouver mon père, Monsieur.

JACQUOT.

Comment, vous venez chercher un père parmi nos élèves de seconde année?.. Ils sont très avancés, c'est vrai, mais pas encore de cette force-là.

JOSÉPHINE.

Je demande le capitaine Morel.

JACQUOT.

Bah! vous êtes la fille de notre brave instructeur?... Voilà un homme que nous chérissons, nous autres enfants de Brienne... car je suis aussi un élève de la maison, oui, mam' zelle... élève portier, s'entend... je fais toutes mes classes... c'est-à-dire, je les balie... je vas chercher les légumes avec Noirot, et, à mon temps perdu, je confectionne des boules de neige pour les combats de notre général en chef, le petit caporal.

JOSÉPHINE.

Le petit caporal! N'est-ce pas M. Napoléon Bonaparte, qu'on appelle ainsi?

JACQUOT.

Justement... c'est ici sa classe.

JOSÉPHINE.

Ah! je voudrais bien le voir... lui, le frère de ma bonne amie Élisa.

JACQUOT.

Eh bien! regardez là-bas!.. le pupitre du milieu... c'est lui.

JOSÉPHINE.

Il n'y a personne.

JACQUOT.

C'est lui qui devrait être là... mais il est aux arrêts depuis trois jours, par ordre de M. Ægidius, son professeur de latin.

JOSÉPHINE.

Et pourquoi?

JACQUOT.

Parce qu'il lui reprochait de s'être réjoui de l'accident arrivé à votre père, que cet Ægidius déteste depuis qu'il le croit son concurrent à la place de directeur de l'école. (Regardant au fond.) Et justement, le voilà... cachez-vous, Mademoiselle. *(Musique.)*

ooooooooooooooooooooooooooooooooooooooo

SCÈNE II.

LES MÊMES, ÆGIDIUS.

ÆGIDIUS; il passe dans la classe du fond, s'approche d'un élève, et lui dit:

Ah! petit drôle... je confisque le bilboquet. (Il tire l'oreille à l'élève, qui fait entendre un grand cri.)

C'est bon, c'est bon, vous ne recommencerez plus. (Il disparaît pendant la fin de la scène.)

JOSÉPHINE.

Mais ce maître Ægidius, qu'a-t-il à redouter maintenant, puisque mon père se voit forcé de renoncer à sa place d'instructeur, à cause de ce duel auquel il a été provoqué par un noble d'une famille puissante?

JACQUOT.

C'est vrai; il n'aura rien de démis, mais il sera cassé... cassé de sa place. . Aussi, se battre avec la noblesse, c'est bien léger!

JOSÉPHINE.

Ah! quelle doit être sa douleur! Indiquez-moi, je vous prie, où je pourrai trouver mon pauvre père!... Au moment de sa disgrâce, qu'il soit au moins consolé par la présence de sa fille!

JACQUOT.

Oh! il n'est pas encore parti... il a des amis pour le défendre... d'abord, moi, Jacquot, qui vous parle... ensuite, maître Patrault et M. Bonaparte, son meilleur élève... L'affaire peut s'arranger.

JOSÉPHINE.

Le ciel vous entende! Mais de quel côté dois-je aller?

JACQUOT.

Attendez, je vais vous conduire moi-même... vous ne pourrez plus vous égarer, Mademoiselle... je vous prends sous ma protection... vous êtes sous l'aile de Jacquot!

(Ils sortent par une porte à droite. On entend sonner une cloche.)

ooooooooooooooooooooooooooooooooooooooo

SCÈNE III.

DARBEL, DE LESTRADE, DU HAUSSET, DE VERVILLE, DE LIGNOL, ÉLÈVES.

(Les élèves quittent leurs places; ils descendent en scène; les uns sautent à la corde, d'autres font des armes, etc.)

CHŒUR.

AIR : *Balancez-vous.*

Plus de travail, la cloche retentit,
Pour le moment suspendons notre zèle;
Quand au plaisir ce doux bruit nous appelle,
Chacun de nous, sans tarder, obéit.

DE LESTRADE.

Ah çà! mais, on sonne trop tôt la récréation aujourd'hui.

DE LIGNOL.

Trop tôt? jamais! C'est tous les jours, que l'on sonne trop tard.

DE VERVILLE.

Je dois être en retenue, moi, messieurs... j'ai vu maître Ægidius qui me pointait.

LA FRANCE
DRAMATIQUE
AU DIX-NEUVIÈME SIÈCLE,

Choix de Pièces Modernes.

Gaîté.

BONAPARTE A L'ÉCOLE DE BRIENNE,

PIÈCE EN TROIS ACTES ET QUATRE TABLEAUX.

1175—1176

PARIS,

N. TRESSE, ÉDITEUR,

Successeur de J.-N. Barba,

PALAIS-ROYAL, GALERIE DE CHARTRES, Nᵒˢ 2 ET 3,

Derrière le Théâtre-Français.

1855

FRANCE DRAMATIQUE. — PIÈCES EN VENTE.

Titre	Prix
Abbaye de Castro, (l'), drame, 5 actes.	60
Abbé (l') Galant, vaud., 2 actes.	60
Abbé de l'Epée (l'), com., 5 actes.	60
Agamemnon, trag., 5 a.	60
Aline Patin, vaud., 3 a.	60
Aline, reine de Golconde, op.-com.	60
Alix ou les deux Mères, drame, 5 actes.	60
Amant bourru (l'), com., 3 actes en vers.	60
Ambassadrice, op-com., 3 actes	60
A minuit, dr., 3 actes.	60
Amour (l'), vaud., 3 a.	60
André Chénier., dr., 3 a.	60
Angéline ou la Champenoise, vaud., 1 a.	60
Anglaises pour rire (les) vaudeville, 1 acte.	60
Angèle, dra., 5 a. Dumas.	60
Angélus (l') dr., 5 a.	60
Antony, dr., 5 a. Dumas	60
Anneau de la Marquise (l'), v., 1 acte.	60
Aristocraties (les) com., 5 actes en vers	1 »
Article 213 (l') vaud., 1 a.	60
Assemblée de Famille (l'), c., 5 a., en vers.	60
Auberge des Adrets (l'), drame, 3 actes.	60
Avant, Pendant et Après, v., 3 actes.	60
Avocat de sa cause (l') com., 1 acte. en vers.	60
Bains à domicile (les) vaud.	60
Bambocheur (le), v., 1 acte.	60
Barbier de Séville, (le, op.-c., 4 actes.	60
Barbier de Séville (le), comédie, 4 act.	60
Barcarolle (la), op.-com. 3 actes.	60
Bayadères de Pitiviers (les) vaud., 3 actes.	60
Béatrix, drame, 4 act.	60
Beau-Père (le), v., 1 a.	60
Bélisario, vaude., 2 act.	60
Belle aux cheveux d'or, (la) féérie, 5 actes.	60
Belle Bourbonnaise (la) drame, 3 actes.	60
Belle Ecaillère (la), dr., 3 actes.	60
Belle et la Bête (la), vaud. en 2 actes.	60
Belle Mère (la) et le Gendre, com., 3 actes.	60
Belle Sœur (la), c., 2 a.	60
Bénéficiaire (le), v., 5 a.	60
Bertrand l'horloger, c., vaud., 2 actes.	60
Bertrand et Raton, c., 5 actes.	60
Biribis le Masourkiste, vaudev., 1 act,	60
Bobèche et Galimafré, v. 3 act.	60
Bœuf gras, (le) vaud., 1 a.	60
Bohémiens de Paris (les)	60
Bohémienne de Paris (la), dr. 5 act.	60
Bonhomme Job (le) vaud, 3 act.	60
Bonnes d'enfans (les), vaudeville,	60
Boulangère a des écus (la), vaud., 2 actes.	60
Bourgeois de Gand (le), drame, 5 actes.	90
Bourgeois grand seigneur (le), com., 3 a.	60
Bourgmestre de Saardam (le), v., 2 actes.	60
Bourru bienfaisant (le), com., 3 actes.	60
Branche de chêne (la), drame, 5 actes.	60
Brasseur de Preston (le) op.-com., 3 actes.	60
Bruno le fileur, vaud., 2 actes.	60
Brigitte, dr., 3 actes.	60
Brodquins de Lise (les) vaud., 1 acte.	60
Brueis et Palaprat, c., 1 acte.	60
Brutus, vaud., 1 acte.	60
Budget d'un jeune ménage (le), vaud., 1 a.	60
Bureau de placement (le), vaud., 2 actes.	60
Cabinets (les) particuliers, vaud., 1 acte.	60
Cachucha (la), v., 1 a.	60
Cagliostro, op-c., 3 a.	60
Calas, drame 3 actes.	60
Caleb de Walter Scott (le) vaud., 1 acte.	60
Camaraderie (la), c., 5 a.	60
Camarade du ministre (le), com., 1 acte.	60
Camargo (la), v., 4 a.	60
Camp des croisés (le), drame., 5 actes.	60
Canaille (la), v., 3 actes.	60
Candinot, roi de Rouen, vaud., 2 actes.	60
Capitaine de voleurs (le) vaud., 2 actes.	60
Capitaine (le) Charlotte, com.-v., 2 a.	60
Caporal et la payse (le) com.-vaud., 1 acte.	60
Caravage, dr., 3 actes.	60
Carlin à Rome, v., 1 acte.	60
Carlo Béati, vaud., 3 a.	60
Carmagnola, op., 2 a.	60
Carte à payer (la), v., 1 a.	60
Carte blanche, c., 1 a.	60
Cartouche, dr., 3 actes.	60
Catherine ou la Croix d'or, vaud., 2 actes.	60
Catherine II, tra., 5 a.	1
Catherine Howard, dr. 5 actes. Dumas.	60
Célibataire (le) et l'Homme marié, com. 3 a.	60
Cendrillon, op.-com., 3 actes.	60
C'est encore du bonheur, vaud., 3 actes.	60
C'est monsieur qui paie, vaud. 1 a.	60
C'était moi, dr., 2 a.	60
Chacun de son côté, com. 3 actes.	60
Chaîne électrique (la), com. 2 actes.	60
Châlet (le) op.-c., 1 a.	60
Changement d'uniforme (le), vaud., 1 acte.	60
Chanoinesse (la), v., 1 a.	60
Chansons de Béranger (les), vaud., 1 acte.	60
Chantre et Choriste, v., com., 5 actes.	60
Charles VII, tra., 5 actes. Dumas.	60
Chêne du roi, tra., 3 a.	60
Chevalier (le) du temple, dr., 5 actes.	60
Chevilles de maître Adam (les), c., 1 a.	60
Chiffonnier (le), v., 5 a.	60
Christine, dr., 5 actes.	60
Ci-devant jeune homme (le), v., 1 acte.	60
Citerne d'Albi (la) dr., 3 actes.	60
Cléopâtre, tra., 5 actes.	60
Clermont ou une Femme d'artiste, v., 2 a.	60
Closerie des Genets, dr., 5 actes.	60
Clotilde, drame 5 actes.	60
Clytemnestre, tra., 5 a.	60
Cocarde tricolore (la), vaud., 5 actes.	60
Code et l'Amour (le), vaud. 1 acte.	60
Code noir, op.-c., 3 a.	60
Coffre-fort (le), v., 1 a.	60
Coiffeur et le perruquier (le), vaud., 1 a.	60
Coin de rue (le), v., 1 a.	60
Colonel (le), v., 1 a.	60
Comédiens (les), dr., 5 a.	60
Comité de bienfaisance (le), com., 1 a.	60
Commis voyageur (le), vaud., 2 a.	60
Comte Ory, op., 3 a.	1
Comtesse d'Altemberg, dr., 5 actes.	60
Conte des Fées, v., 3 a.	60
Conteur (le), com., 3 a.	60
Contrastes (les), c., 1 a.	60
Contrebasse, vaud., 1 a.	60
Convenances d'argent (les), c., 2 actes.	60
Couleurs de Marguerite (les), vaud., 2 a.	60
Course à l'héritage, com., 5 actes.	60
Courte-paille (la), v., 3 a.	60
Cousin du ministre (le), vaud., 1 a.	60
Couturières (les), v., 1 a.	60
Couvent de Tonnington (le), drame, 3 a.	60
Cuisinières (les), v., 1 a.	60
Dagobert ou la Culotte, vaud., 3 a.	60
Dame blanche (la), op.-com., 3 a.	60
Dame de Laval (la), dr., 3 actes.	60
Dame de St-Tropez (la), drame en 5 actes.	60
Daniel-le-Tambour, v., 2 actes.	60
Débardeur (le), v., 2 a.	60
Débutant (le), c., 1 a.	60
Delphine, com. 2 actes.	60
Démence (la) de Charles VI, trag., 5 actes.	60
Demoiselle à marier (la), vaud., 1 acte.	60
Dernier amour (le), v., 3 actes.	60
Dernier banquet de 1848, rev., 3 actes.	60
Dernier marquis (le), dr. 5 actes.	60
Dette à la Bamboche, com.-vaud., 2 actes.	60
Deux Anglais (les), c., 3 actes.	60
Deux Compagnons du Tour de France, v. 2 a.	60
Deux Dames au violon, vaud., 1 a.	60
Deux Edmond (les), v., 2 actes.	60
Deux Favorites, v., 2 a.	60
Deux Forçats (les), dr., 3 actes.	60
Deux Frères (les), c., 4 actes.	60
Deux Gendres (les), com., 5 a.	60
Deux Jaloux (les), op., com., 1 a.	60
Deux Maris (les) v., 1 a.	60
Deux Ménages (les), c., 3 actes.	60
Deux Normands, v., 1 a.	60
Deux papas très-bien, v., 1 acte.	60
Deux Philibert (les), com., 3 a.	60
Deux Sœurs, dr., 3 a.	60
Deux Systèmes (les) v., 2 actes.	60
Deux voleurs, op.-c., 1 acte.	60
Diable à quatre (le), v., 3 actes.	60
Diamant (le), v., 2 a.	60
Diamans de la couronne, opéra-com., 3 a.	60
Diner de Madelon (le), vaud., 1 a.	60
Diogène, dr., 5 actes.	60
Diplomate (le), v., 2 a.	60
Dix (les), op.-com., 1 a.	60
Dix ans de la vie d'une femme, dr., 5 a.	60
Docteur Robin (le), v., 1 acte.	60
Dominique ou le possédé, com., 3 a.	60
Domino noir (le), op.-c., 3 actes	60
Don César de Bazan, dr., 5 actes.	60
Don Juan d'Autriche, com., 5 actes.	60
Don Sébastien de Portugal, opéra, 5 a.	1
Don Pasquale, op., 3 a.	1
Duc d'Olonne, op.-c., 3 actes.	60
Duchesse de Marson, dr., 5 actes.	60
Duel (le) et le Déjeûner, c.	60
Eclair (l'), op.-c., 3 a.	60
Ecole des Vieillards (l'), com., 5 actes.	60
Economies de Cabochard et Sous Clé.	60
Edouard et Clémentine, vaud., 3 actes.	60
Echec et Mat, dr., 5 actes.	1
Elève de Saumur (l'), v., 3 a.	60
Elle est folle, v., 3 a.	60
Embarras du choix (l'), vaud., 1 a.	60
Endymion, v., 1 a.	60
Enfant chéri des Dames, vaud., 2 a.	60
Enfants d'Edouard (les), trag., 5 a.	60
Enfant trouvé (l'), c., 3 actes.	60
Entre l'arbre et l'écorce, vaud., 1 acte.	60
Espionne russe (l'), v., 3 actes.	60
Est-ce un rêve? v., 2 a.	60
Estelle, vand., 1 a.	60
Etourdis (les), c., 3 a.	60
Etudiants (les), dr., 5 a.	60
Eulalie Pontois, drame, 3 actes.	60
Eustache, v., 1 a.	60
Facteur (le), dr., 5 a.	60
Famille Ginet (la), c., 5 actes.	60
Famille improvisée (la), vaud., 1 acte.	60
Famille Riquebourg (la), vaud., 1 a.	60
Fanfan le bâtonniste, vaud., 2 a.	60
Farruck le Maure, dr., 5 actes.	60
Faublas, vaud., 5 actes.	60
Favorite (la), op., 4 a.	1
Femme de 40 ans, com., 3 actes.	60
Femme jalouse (la), c., 5 actes.	60
Fénélon., trag., 5 a.	60
Ferme de Bondy (la), vaud., 4 a.	60
Festin de pierre (le), com., 5 a.	60
Feu Peterscott, v., 2 a.	60
Fiancée (la), op.-c., 3 a.	60
Fiancée de Lammermoor (la), dr., 3 a.	60
Fille de Dominique (la), vaud., 1 a.	60
Fille d'honneur (la), c., 5 actes.	60
Fille du Cid (la), trag., 5 actes.	60
Fille du musicien (la), drame, 3 a.	60
Fille d'un voleur (la), vaud., 1 a.	60
Fille du tapissier (la), com., 3 a.	60
Fin du Monde (la), revue 1848.	60
Floridor le Choriste, com., 2 a.	60
Foire St-Laurent (la), vaud., 1 a.	60
Folle de la cité, dr., 5 a.	60
Frascati, vaud., 3 a.	60
Fra-Diavolo, op.-c., 3 actes.	60
Françoise et Francesca, vaud., 3 a.	60
Frédégonde et Brunehaut, trag., 5 a.	60
Frère et mari, op.-c.	60
Frères à l'épreuve (les), drame 5 a.	60
Gabrina, dr., 5 a.	60
Gaëtan il Mammone, drame 5 a.	60
Gamin de Paris, v., 2 actes.	60
Gardeuse de dindons, vaud., 3 a.	60
Gardien (le), v., 2 a.	60
Gaspardo le pêcheur, drame, 5 a.	60
Gendre d'un millionnaire (le), c., 5 a.	60
Geneviève la blonde, vaud., 2 a.	60
Georges et Maurice, vaud., 2 a.	60
Glenarvon ou les Puritains, dr., 5 a.	60
Grâce de Dieu (la), dr., 5 actes.	60
Grande Dame (la), dr., 2 actes.	60
Guerre des servantes, drame, 5 a.	60
Guillaume Colman, d., 5 actes.	60
Guido et Ginevra, op., 5 actes.	1
Guillaume Tell, gr.-op., 5 actes.	1
Gustave III ou le Bal, grand-opéra, 5 a.	60
Harnali, parodie d'Hernani.	60
Héloïse et Abeilard, d., 5 actes.	60
Henri Hamelin, vaud., 3 actes.	60
Henri III et sa cour, d., 5 actes.	60
Héritage du mal (l'), drame 4 a.	60
Héritière (l'), comédie, 5 actes.	60
Héritière (l'), v., 1 a.	60
Héritiers ou le Naufrage (les), c., 1 a.	60
Héroïne de Montpellier (l'), drame, 5 a.	60
Fleur et Malheur, v., 1 acte.	60
Homme au masque de fer (l'), dr., 5 a.	60
Homme blasé (l'), v., 2 actes	60
Homme de soixante ans, (l'), vaud., 1 a.	60
Homme gris (l'), c., 3 a.	60
Honorine, vaud., 3 a.	60
Hôtel garni (l'), c., 1 a.	60
Huguenots (les), grand opéra, 5 a.	1
Humoriste (l'), v., 4 a.	60
Hussard de Felsheim, (les), vaud., 3 a.	60
Idiote (l'), dr., 3 a.	60
Il y a seize ans, dr., 5 a.	60
Image (l'), vaud., 1 a.	60
Indépendants (les), c., 5 actes.	60
Industriels et industrieux, revue, 3 a.	60
Infortunes de M. Jovial (les), vaud., 3 a.	60
Intérieur des comités révolutionnaires, com., 3 actes.	60
Isabelle de Montréal, drame, 2 a.	60
Jacquot, vaud., 2 a.	60
Jasmin, vaud., 1 a.	60

DE LESTRADE.
Ah! s'il avait demandé à voir ma copie...
Quel pensum, mes amis!

DARBEL.
Est-ce qu'il y a des fautes?

DE LESTRADE.
Non, mais il y a un bonhomme... sa
charge... il est ressemblant à faire peur.

DU HAUSSET.
Ce n'est pas beau de se moquer des maîtres,
surtout quand ils peuvent le savoir.

DARBEL.
Ça vaut encore mieux que de caponner,
Monsieur Du Hausset.

TOUS.
Oui, c'est un capon, il redit tout à ces messieurs.

DU HAUSSET, à part.
Gare les taloches! (Haut.) Vous me cherchez
querelle parce que vous vous savez plus forts
que moi...

DE VERVILLE.
Non, mais parce que tu es un espion.

DE LIGNOL.
Et un flatteur.

DARBEL.
Si nous allions dire que Bonaparte te résout
tous tes problèmes?

DU HAUSSET.
Tiens, je lui prête des thèmes... Je fais ses
devoirs latins.

DE LESTRADE.
Aussi, on dit qu'il n'est pas fort en thèmes...
Au fait, sait-on pourquoi il a été puni?

DARBEL.
Non, mais si je regrette une chose, c'est de
ne pas l'avoir été avec lui.

TOUS, excepté du Hausset.
Et nous aussi.

DE LESTRADE.
C'est si divertissant d'aller en prison quand
on y va en masse... Vivent les arrêts pour s'a-
muser.

AIR : *Restez, troupe jolie.*

Ici quand on quitte son livre,
Certes les jeux semblent bien doux;
Mais au plaisir, lorsqu'on se livre,
Vient un maître, et dans son courroux,
Pour rien il vous met à genoux.
Sous les verrous au moins personne
Ne peut troubler notre gaîté.
Vite, amis, qu'on nous emprisonne
Pour jouir de la liberté.

TOUS.

Vite, amis, qu'on nous emprisonne
Pour jouir de la liberté.

<hr>

SCÈNE IV.

LES MÊMES, JACQUOT.

JACQUOT, entrant du fond.
Ah ben! oui, la prison, ne comptez pas là-
dessus... c'est prohibé.

DE VERVILLE.
Bah! les arrêts sont supprimés?

JACQUOT.
Complétement abolis... pour vingt-quatre
heures seulement.

DARBEL.
Je gage que c'est ce bon M. Patrault qui
nous vaut cela.

JACQUOT.
Pas du tout... Comment, vous ignorez donc
encore la grande nouvelle que je viens vous
apprendre?

DE LIGNOL.
Sans-doute, puisque tu ne nous as encore
rien dit.

JACQUOT.
C'est juste. Eh bien! je vous annonce une
fière visite pour demain... Celle de son excellence le ministre de la guerre, orné de tout
son état-major.

DARBEL.
En effet, il devait venir se faire rendre
compte de nos travaux et désigner les élèves
capables de passer à l'école de Paris.

JACQUOT.
Oui, et comme monseigneur ne pourrait pas
juger de l'école si elle était aux arrêts, on a
levé toutes les punitions... jusqu'à après-de-
main.

DE LESTRADE.
Alors, Bonaparte est libre?

JACQUOT.
C'est son ami maître Patrault qui est allé le
délivrer lui-même.

DE VERVILLE.
Chut! écoutez donc!

DE LIGNOL.
Oui, il me semble que j'ai entendu...

BONAPARTE, en dehors.
Merci, merci, mon digne professeur.

TOUS, remontant.
C'est lui! c'est le petit caporal!

<hr>

SCÈNE V.

LES MÊMES, BONAPARTE.

BONAPARTE, tous ses camarades l'entourent.

AIR de *la Vieille.*

Je te revois, salle d'étude
D'où trop longtemps j'ai déserté;

Mon cœur aime la solitude,
Mais c'est avec la liberté,
L'esclavage est pour moi trop rude,
Je veux l'air de la liberté.
Oui, j'ai besoin de liberté.
Chers compagnons de plaisirs et de gloire.
De vos trois jours racontez-moi l'histoire,
Dois-je écouter un récit de victoire?
Vous m'avez dit, si j'ai bonne mémoire,
Ah! dans nos jeux, dans nos travaux, crois-moi,
Nul de nous ne vaincra sans toi.
Ah! dans vos jeux, vos travaux, je le crois,
Vous n'avez pas vaincu sans moi. (*Bis.*)

DE LESTRADE.

Nous t'attendions.

TOUS.

Oui! oui!

BONAPARTE.

Au fait, vos combats à boules de neige ne pouvaient pas continuer... votre caporal en chef était prisonnier.

DE VERVILLE.

Aussi, nos bastions sont restés intacts.

BONAPARTE.

Les autres ne sont pas venus les détruire, c'est une faute.

DE L'ESTRADE.

Mais l'accident de ton arrestation...

BONAPARTE.

La guerre se compose d'accidents... c'est à l'ennemi à savoir en profiter... camarades, vous êtes prévenus qu'à la première rencontre nous les battrons.

DARBEL.

C'est convenu, caporal.

TOUS.

Oui, c'est convenu.

DU HAUSSET.

C'est qu'ils disent qu'ils nous avaleront.

BONAPARTE.

Nous nous mettrons en travers.

(Rire de tous les élèves.)

DE LIGNOL.

Ce pauvre Bonaparte! a-t-il dû s'ennuyer aux arrêts!...

BONAPARTE.

Mais non... d'abord, j'ai beaucoup travaillé; et puis, j'ai terminé un plan d'attaque qui ne peut manquer de nous assurer la victoire... Jacquot, je te recommande les munitions de guerre.

JACQUOT.

C'est ça! encore une onglée!

DE LESTRADE.

Moi! j'aurai les doigts si engourdis que je ne pourrai pas jouer de la flûte.

BONAPARTE.

Toi, tu ne sors pas de ta flûte... si jamais je deviens général pour tout de bon, je te nommerai fifre .. et ça viendra peut-être.

DARBEL.

C'est ton petit doigt qui te l'a dit?

BONAPARTE.

Non; mais cette nuit... si vous saviez!

TOUS.

Quoi donc?

BONAPARTE.

AIR *de la Lanterne sourde.*

O mes amis, écoutez-moi :
Mon jeune front, cette nuit même,
A ceint le plus beau diadème,
Car j'ai rêvé que j'étais roi ;
Mais roi, que viens-je de dire,
Ah! plus haut j'étais monté,
Car c'était un grand empire,
Que créait ma volonté.
Toutes les voix semblaient s'unir,
Elles me proclamaient grand homme!
Le pape même, quittant Rome,
Venait exprès pour me bénir.
Pour éclairer cette fête,
Un soleil brillant a lui.
Chacun admire et répète :
Toujours le ciel est pour lui.
De mon peuple jusqu'au saint lieu,
J'entends les accents unanimes
Qui font, seuls les rois légitimes,
Car sa voix est la voix de Dieu !
Déjà la couronne est prête,
Elle brille sur l'autel.
J'y monte; elle est sur ma tête :
Je ne suis plus un mortel.
Le canon cent fois frappe l'air ;
D'en haut les hymnes se confondent,
Et d'en bas des voix leur répondent :
France, de lui tu seras fier!
Des rois formaient dans ce rêve,
Mon cortége triomphal,
Un coup de foudre l'achève ;
Je redeviens Caporal!
Le réveil hélas! fut trop prompt
O mes amis! Dieu me pardonne,
Je crois encore de la couronne
Sentir l'empreinte sur mon front! (*bis.*)

DARBEL.

C'est ça, il croit aux rêves, à la fatalité!.. Il se trouve déjà un grand homme!

DU HAUSSET.

Et il n'a pas encore cinq pieds.

BONAPARTE.

Sois tranquille, je grandirai!... mais, en attendant, occupons-nous du capitaine Morel, de notre brave instructeur.

DARBEL.

Que l'on renvoie... C'est une indignité!...

BONAPARTE.

Il a commis une grande faute... lui qui nous doit l'exemple du respect à la discipline; il s'est battu malgré les ordonnances qui défendent le duel...

DARBEL.

Silence! Le voici!

ooooooooooooooooooooooooooooooooooooooooooooooooooooooooooo

SCÈNE VI.

LES MÊMES, MOREL, JOSÉPHINE; **LES ÉLÈVES** vont le recevoir et lui tendent la main.

Bonjour, capitaine, bonjour.

MOREL.

Mes bons amis, je viens vous embrasser pour la dernière fois!... Votre vieil instructeur est destitué.

DARBEL.

Il est donc vrai? vous quittez cette école!

BONAPARTE.

Un instant, capitaine... vous ne pouvez partir ainsi... J'entrevois un espoir... Messieurs, on peut en appeler à l'indulgence du ministre, puisqu'il vient nous visiter. Je propose une pétition signée de toute l'école.

TOUS.

Adopté! Bravo!

DE L'ESTRADE.

Mais qui la rédigera?

DARBEL.

Parbleu! le petit caporal, puisqu'il est notre général.

BONAPARTE.

Soit... je vais dicter. Ecris.

(Darbel se place devant la table.)

DARBEL.

Je tiens la plume.

BONAPARTE.

AIR du *Piége.*

I.

Un soldat qui n'a que l'honneur,
Qui versa son sang pour la France,
Fut insulté par un jeune seigneur,
Entre eux disparut la distance;
On se battit... Mais jugez, Monseigneur,
De quel côté se trouvait la bassesse...
Lorsque l'un sauvait son honneur,
L'autre avait perdu sa noblesse. (*Bis.*)

II.

C'est pour ce tort que l'on voudrait briser
D'un vieux soldat l'honorable existence,
En sa faveur ici daignez user
Du droit si beau de la clémence...
De notre école, ô vous le protecteur,
Auprès de nous ordonnez qu'on le laisse
Nous donner des leçons d'honneur,
C'est le premier des titres de noblesse! (*Bis.*)

TOUS, avec entraînement.

Bravo! bravo!

(Bonaparte donne la main au capitaine.)

DARBEL.

C'est écrit.

BONAPARTE, signant.

C'est signé! (Aux élèves.) A vous, maintenant.

JACQUOT.

Cristi! je veux y mettre aussi mon parataphe.

MOREL.

Croyez, mes enfants, quoi qu'il arrive, que je n'oublierai jamais ce que vous faites pour moi.

BONAPARTE.

Maintenant, qu'on fasse circuler la pétition dans toutes les classes. Darbel, va dire à Bourienne de rassembler les élèves de la seconde division; si, parmi eux, quelqu'un refusait de signer, on viendra me le dire... et nous verrons.

DARBEL.

C'est convenu, caporal!

JOSÉPHINE.

Vous aviez raison, mon père, il fait tout ce qu'il veut.

MOREL.

Et ce qu'il y a de mieux, c'est qu'il le fait faire aux autres.

BONAPARTE.

AIR de : *La lune de miel.*

Partez, amis, et ne babillez plus;
De main en main que la demande passe:
Oui, mais surtout en rentrant dans la classe,
Gare aux pensums du frère Ægidius.

CHOEUR DES ÉLÈVES.

Partons amis..., etc.

(Tous les élèves sortent par le fond.)

ooooooooooooooooooooooooooooooooooooooooooooooooooooooooooo

SCÈNE VII.

BONAPARTE, MOREL, JOSÉPHINE.

BONAPARTE.

Nous voilà seuls... Ah ça! maintenant, à nous deux, capitaine... Savez-vous bien que je ne suis pas content de vous?

(Il prend une attitude sévère.)

JOSÉPHINE.

Comment, vous allez gronder mon père, à présent?

BONAPARTE.

Oui, parce qu'il le mérite .. D'abord, pourquoi s'est-il battu?... pour prouver qu'il est brave... l'ennemi le sait.

MOREL.

Vous-même l'avez dit, mon ami... je devais défendre mon honneur outragé.

BONAPARTE.

C'est-à-dire le compromettre en le confian

au hasard... Et si vous aviez succombé, monsieur, que seraient devenus votre fille, vos élèves?... nos parties de balles... et cette France qui aura peut-être besoin de vous .. Car, vous me l'avez dit, un orage se prépare... il grossit .. Enfin, je ne comprends pas encore bien la politique, mais ça viendra.

JOSÉPHINE.

Oui, quand vous serez général et que vous aurez cinq pieds.

BONAPARTE.

Alors, il n'y aurait pas de dispute pour les rangs dans mon armée.

AIR : *J'en guette un petit de mon âge.*

Qu'il soit ou non de naissance commune,
Tout bon soldat près de moi parviendrait;
Chacun serait officier de fortune,
A la mienne il s'attacherait.
Il n'aurait pas de titres illusoires,
Car, au milieu de nos combats,
Je donnerais à mes soldats
Le nom de toutes leurs victoires! (*Bis.*)

JOSÉPHINE.

Tiens, c'est une jolie idée !

BONAPARTE.

Mais il ne s'agit pas encore de cela, capitaine ; la seule victoire que je demande en ce moment, c'est de réussir à vous sauver.

MOREL.

Ne l'espérez pas, mon ami... Qui sait même si ma fille ne sera pas comprise dans ma disgrâce... si elle ne sera pas privée de son titre d'élève de Saint-Cyr !...

JOSÉPHINE.

Oh! non, mon père !... on ne voudra pas me séparer de mes chères compagnes, de cette bonne Élisa Bonaparte, surtout !... nous nous aimons tant !

BONAPARTE.

Vous êtes l'amie de ma sœur Élisa?... touchez là, mademoiselle! (Il lui serre la main.)

JOSÉPHINE, bas à son père.

Il est vraiment gentil avec son air décidé !... (Haut.) Votre sœur me le disait bien, vous êtes élevé militairement à Brienne.

MOREL.

Je m'en vante.

BONAPARTE.

Plus tard, capitaine, vous pourrez dire cela, quand nous en serons à la poudre à canon.

JOSÉPHINE.

On grandit si vite !... vous surtout Monsieur Bonaparte, vous devez grandir !

MOREL.

Tu dis vrai, ma Joséphine !

BONAPARTE.

Vous vous appelez Joséphine ! C'est un bien joli nom ! Je ne sais pourquoi l me plaît mieux que tous les autres.

AIR nouveau de M. E. Dejazet.

I.

Au pressentiment moi je crois
Ne riez pas de ma faiblesse,
Un nom renferme quelquefois
Du destin toute la promesse ;
Je vois au loin, unie à la grandeur,
Charme, bonté, grâce divine ;
Puis dévouement pour le malheur
Dans le doux nom de Joséphine (*Bis.*)

II.

Oui, ce nom qui séduit mon cœur,
Me fait penser au mariage ;
On dirait que c'est du bonheur,
Pour l'avenir qu'il me présage.
Aussi, je veux, si je deviens époux,
Que la femme qu'on me destine
Soit douce, aimable comme vous...
Et qu'on la nomme Joséphine. (*Bis.*)

SCÈNE VIII.

LES MÊMES, LES ÉLÈVES.

DARBEL.

Grande nouvelle! Bonaparte... Son Excellence le ministre de la guerre, qu'on n'attendait que demain, sera ici dans une heure.

MOREL.

Si tôt?...

BONAPARTE.

Tant mieux! Dans une heure il aura ma pétition.

DARBEL.

Elle sera bientôt au grand complet ; il n'y manque plus que quelques signatures.

JOSÉPHINE.

Mais j'y pense, mon père... si vous alliez trouver la famille du prince de Soubise sous lequel vous avez servi?... Peut-être sa protection...

BONAPARTE.

Jolie protection que celle du prince de Soubise ! Commander à des Français, et perdre une bataille de Rosbach !

MOREL.

Caporal, vous n'êtes pas capable encore de juger une pareille campagne.

BONAPARTE.

Votre prince de Soubise était un ignorant... la preuve, c'est qu'il a manœuvré pour le roi de Prusse ! (Les élèves rient.)

MOREL.

Je voudrais vous y voir... l'ennemi dans une position superbe!

BONAPARTE.

Il fallait l'en déloger.

MOREL.

Et le moyen? On nous mitraillait!

BONAPARTE.

Le moyen... tenez, voilà justement une

carte d'Allemagne. (Il va prendre la carte attachée au mur et la met sur la table.) Mademoiselle a sans doute des épingles... suivez bien les mouve-ments.

(Tous les élèves entourent la table. — Tableau.)

JOSÉPHINE.

C'est cela, je conduis les deux armées.

MOREL, s'asseyant près de la table.

Voyons, Monsieur le tacticien, que je vous montre d'abord les positions du prince de Soubise.

(Joséphine donne des épingles au petit Bonaparte.)

AIR : *Du hussard de Felsheim.*

I.

Un corps à droite, un à gauche,
Voilà mes Français placés...

BONAPARTE.

Au centre l'ennemi fauche...
Vos Français sont terrassés.

(Il plante des épingles.)

Prenant cette batterie,
Il fallait placer ici,
Vingt pièces d'artillerie,
Qui foudroyaient l'ennemi!...

MOREL, à part.

C'est bien ça! (*bis.*)
Comment peut-il savoir cela?

BONAPARTE, avec les élèves.

C'est cela (*bis.*)
Ah! pourquoi n'étais-je pas là!...

II.

BONAPARTE.

Maintenant changeant de route,
Et sur le centre chargeant,
Pour enlever la redoute.
Nous marchons tambour battant

(Il s'anime davantage.)

Tournant l'ennemi par ruse,
Tandis qu'il me croit supris...
A me poursuivre il s'amuse
J'avance, et Rosbach est pris...

MOREL, à part.

C'est bien ça (*bis.*)
Comment peut-il savoir cela?

BONAPARTE ET LES ÉLÈVES.

C'est cela. (*bis.*)
Ah! pourquoi n'étais-je pas là!

III.

BONAPARTE.

Ma réserve est épargnée
Elle offre un dernier combat
Et la bataille est gagnée...

JOSÉPHINE, montrant sa dernière épingle.

Je n'ai plus qu'un seul soldat...

BONAPARTE.

Dans l'ardeur qui me dévore
J'aurais fait bien du chemin :
Un cent d'épingles encore,
Et j'arrivais à Berlin!
C'est cela! etc., etc.

MOREL.

C'est bien ça, etc., etc.

BONAPARTE.

Oui, voilà, (*bis.*)
Comment j'aurais mené cela!

TOUS, en s'éloignant.

Bravo!...

MOREL, se levant.

Ma foi, Caporal, je m'avoue vaincu et je vous rends les armes.

JOSÉPHINE, reprenant ses épingles.

Et moi, je reprends les deux armées.

(Musique à l'orchestre, en sourdine jusqu'à la fin.)

SCÈNE IX.

LES MÊMES, UN OFFICIER, JACQUOT.

L'OFFICIER.

M. le capitaine Morel.

MOREL, s'avançant.

C'est moi, monsieur.

L'OFFICIER.

Au nom du Roi et par ordre de Son Excellence, je vous somme de me rendre votre épée.

(Mouvement de tous les élèves.)

MOREL.

La voici, monsieur.

JACQUOT.

Eh ben! si c'est pour ça que le ministre vient à Brienne...

L'OFFICIER.

Maintenant, veuillez me suivre.

JOSÉPHINE, embrassant son père.

Mon père!

MOREL,

Ma fille, je dois obéir. (Il sort.)

BONAPARTE, allant à Joséphine.

Du courage, mademoiselle... je vais parler au ministre, et il faudra bien...

JOSÉPHINE.

Merci de ce que vous faites pour mon père, Monsieur Bonaparte... mais ne craignez-vous pas de vous compromettre?

BONAPARTE.

Bah! Je viens de gagner la bataille de Rosbach, je ne dois pas perdre celle-ci. (Aux élèves.) Soldats, à vos rangs, droite, alignement, fixe...

AIR : *Entendez-vous, c'est le tambour.*

Près du ministre rendons-nous,
A son cœur notre école est chère.
Il nous recevra bien, j'espère.
A le fêter, préparons-nous.

BONAPARTE.

Peloton, par le flanc droite, droite, par file à gauche... pas accéléré... en avant, marche!...

(Reprise du chœur. — La petite troupe se met en marche, Bonaparte en tête. — Jacquot les regarde triomphalement et emmène Joséphine.)

ACTE DEUXIÈME.

1er TABLEAU.

La classe des mathématiques. — Une bibliothèque. — Une planche d'étude. — Des siéges et une table au milieu chargée de livres et de papiers.

SCÈNE I.

DARBEL, DE LESTRADE, DU HAUSSET, DE VERVILLE, DE LIGNOL, ÉLÈVES.

DARBEL.

Par ici, mes amis, voilà le rendez-vous général.

DE VERVILLE.

De quoi s'agit-il?

DE LESTRADE.

Ça peut-il se demander? Vous ne connaissez donc pas encore le motif de l'arrestation du capitaine?

DARBEL.

Que trop! La famille de son adversaire, puissante et vindicative, a voulu obtenir justice; et, par ordre du ministre, un conseil de guerre est déjà assemblé.

DU HAUSSET.

Eh bien! votre pétition va produire un joli effet.

DE VERVILLE.

A propos, qu'est-elle devenue?

DE LIGNOL.

Au fait, qui est-ce qui a la pétition?

DU HAUSSET.

Pas moi.

TOUS.

Ni moi.

DARBEL.

Attendez donc... Je me rappelle que Bonaparte a envoyé Jacquot la faire signer à la troisième division.

DE LESTRADE.

Eh! justement le voilà.

DE VERVILLE.

Comme il a l'air effaré.

ꞏꞏꞏ

SCÈNE II.

LES MÊMES, JACQUOT.

JACQUOT, essoufflé.

Ah ben! en v'là une commission désagréable!

TOUS.

La pétition?

JACQUOT.

Je ne l'ai plus.

DE LESTRADE.

Comment, on ne t'a rien donné en haut?

JACQUOT.

Si, j'ai reçu quéque chose... mais pas en haut... messieurs, vous voyez un homme blessé dans sa dignité.

TOUS LES ÉLÈVES, riant.

Ah! ah! ah!

DARBEL.

Eh quoi! notre demande au ministre...

JACQUOT.

A été confisquée.

AIR de Marianne.

Par les soins de monsieur Bourrienne,
Qui du capitaine est l'ami,
Tous les élèves de Brienne,
Avaient signé, z'et moi z'aussi.
    Chacun comptait,
    Sur le placet,
Quand tout à coup maître Ægidius paraît
    Il le saisit,
    Il me poursuit,
    Avec courroux
Jurant d'vous punir tous;
Bref, loin d'obtenir pour un autre
La grâce que l'on désirait
Je crois qu'à présent il faudrait
Solliciter la vôtre. (Bis.)

DARBEL.

Maladroit! laisser saisir notre plan de campagne!

TOUS.

Oui! maladroit...

JACQUOT.

Dame! quand y a force major!...

DE LESTRADE.

C'est un abus de pouvoir... nous ne devons pas le souffrir.

TOUS.

Non! non!

JACQUOT.

Envoyez donc une députation à Son Excellence... il va donner des *pensums* à tous les ambassadeurs.

DU HAUSSET.

Et personne n'a envie de la gober.

DARBEL.

Alors je propose autre chose.

TOUS.

Quoi?

DARBEL.

Une révolte!

DE LESTRADE.

Tiens... pourquoi pas... dans le fait... une révolte générale, ça sera amusant.

JACQUOT.

Eh ben ! j'm'en mets aussi... car, enfin, c'est moi que ça a touché de plus près ; c'est dit, révoltons-nous !...

TOUS.

C'est dit, révoltons-nous !

DARBEL.

Quand monseigneur saura que l'école se soulève en masse, il demandera des explications, et nous traiterons de puissance à puissance.

DE LESTRADE, montant sur la table.

Messieurs, l'école entière a été insultée par un professeur... A bas les professeurs !

TOUS.

A bas les professeurs !!!

JACQUOT, montant sur la table au moment où de Lestrade en descend.

Messieurs : On m'a manqué péniblement... dans ce que j'ai de plus cher, et... je ne vous dis que ça...

DARBEL, poussant Jacquot à terre pour prendre sa place.

Mais maître Ægidius n'en est pas moins un tyran... A bas maître Ægidius !

TOUS.

A bas maître Ægidius !

DE LESTRADE, à Duhausset.

Veux-tu crier avec nous, toi ?

DU HAUSSET.

Je suis enrhumé !

DE LESTRADE.

Dis plutôt que tu es un capon !

TOUS.

A bas les capons ! à bas les livres ! à bas tout !

(Duhausset se sauve, ils bouleversent livres et siéges.)

SCÈNE III.

LES MÊMES, BONAPARTE.

BONAPARTE.

Eh bien ! Messieurs, à quel propos ce tapage !

DARBEL.

A propos de maître Ægidius qui a saisi notre pétition.

TOUS.

Oui ! oui !

DE LESTRADE.

Nous devons faire respecter nos droits.

TOUS.

Oui ! oui !

BONAPARTE.

Vous devez d'abord respect à la discipline ; et par votre coupable folie, vous allez compro-

mettre le sort de celui que vous protégez... Vous-mêmes seriez chassés de l'école et perdriez le fruit de vos études... votre avenir peut-être !... Vous m'avez nommé votre chef, je vous ordonne de rentrer dans le devoir ou je romps avec vous.

DARBEL, se calmant et descendant de dessus la table.

Au fait, nous n'avions pas songé à tout cela.

JACQUOT.

C'est d'autant plus juste que moi, qui suis à la porte en dedans, on pourrait m'y mettre en dehors.

BONAPARTE.

La rebellion doit tout perdre... l'adresse peut tout sauver.

TOUS, ramassant leurs livres.

Il a raison ! plus de révolte !

DE VERVILLE.

Messieurs, voilà les maîtres.

JACQUOT, à part.

Les maîtres ! sauve qui peut !... (Il s'esquive.)

SCÈNE IV.

LES MÊMES, PATRAULT, ÆGIDIUS suivi de l'élève du Hausset qui lui désigne les perturbateurs.

PATRAULT, avec sévérité.

Messieurs, je viens d'apprendre qu'une coalition s'était formée parmi vous. La présence de son excellence, loin de servir vos coupables desseins, ne fera qu'ajouter à la sévérité de notre justice. J'ordonne qu'on me nomme le chef de la révolte.   (Silence.)

ÆGIDIUS, qui a causé bas avec Duhausset.

On désigne M. Bonaparte.

BONAPARTE.

Si c'est vrai, qu'on me punisse.

PATRAULT.

Eh quoi ! vous, mon meilleur élève .. que, jusqu'à ce jour, j'aurais cru incapable d'un acte d'insubordination...

BONAPARTE.

Je n'ai pas dit que je fusse l'auteur de la révolte, mais je suis coupable d'avoir dicté la pétition qui l'a causée.

DARBEL, vivement.

Eh bien ! non !... Il n'est pas coupable !...

TOUS.

Non ! non !

DARBEL.

Tout à l'heure, c'est lui qui, au contraire, nous a fait rentrer dans le devoir, en nous rappelant que nous devions à nos maîtres obéissance et respect ; et nous nous sommes soumis.

TOUS.

C'est vrai.

ÆGIDIUS, à part.

Décidément, est-ce qu'il y aurait quelque chose à faire de ce petit bonhomme-là ?

PATRAULT.

Je vois avec plaisir que vos camarades vous rendent justice. Aussi, messieurs, en considération de votre aveu, nous voulons bien, cette fois, user d'indulgence. Allez vous préparer à l'examen que son Excellence doit vous faire subir.

TOUS, en sortant.

Vive maître Patrault !

(Bonaparte veut les suivre, il est retenu par Patrault.)

oooooooooooooooooooooooooooooooooooooooooooooooooooo

SCÈNE V.

BONAPARTE, ÆGIDIUS, PATRAULT.

PATRAULT.

Un moment, mon jeune ami...

ÆGIDIUS, à part.

Tous les rapports sur cet élève sont excellents ; le ministre va le protéger.. mettons-le dans mes intérêts ; un jour il pourra m'être utile. *(Allant à Bonaparte.)* J'ai aussi quelque chose à vous dire.

BONAPARTE.

Je vous écoute, messieurs.

PATRAULT.

Vous savez si je vous aime !

ÆGIDIUS.

Votre conduite de tout à l'heure m'a pénétré.

BONAPARTE, à part.

Si je pouvais ravoir la pétition.

ÆGIDIUS.

Et, au moment de choisir un état, vous avez droit à mes conseils.

BONAPARTE.

L'état militaire me convient... je me suis conseillé le canon.

ÆGIDIUS.

Le canon ! c'est bien lourd pour vous !

PATRAULT.

D'ailleurs, la dignité d'un grade exige une position de fortune... et vous n'êtes pas riche ! N'y a-t-il pour vous que le métier des armes ?

BONAPARTE.

Je n'en connais pas de plus beau !

PATRAULT.

Écoutez, mon ami... je me fais vieux ; bientôt j'aurai besoin d'un second pour ma chaire de mathématiques... Vous, studieux, aimant la solitude, sachant vous faire écouter et respecter de vos camarades, vous pouvez sans orgueil aspirer à me remplacer un jour.

BONAPARTE.

Et je vivrais ici... inconnu !

PATRAULT.

Mais utile.

BONAPARTE.

Il est si beau de se distinguer.

PATRAULT.

L'éclat a ses dangers... Vous pourriez ainsi soutenir votre famille.

BONAPARTE.

Et si je deviens général ! si je gagne des batailles !

ÆGIDIUS.

C'est-à-dire que vous préférez le tourbillon du monde à la vie obscure, mais calme des écoles ?

BONAPARTE.

Peut-être le regretterai-je !... mais, pour ma famille, je dois aspirer à tout... car, vous l'ignorez, c'est qu'elle a mis en moi toutes ses espérances... depuis le jour, surtout, où mon grand oncle me fit promettre de veiller sur elle... Écoutez ! Il y a déjà bien longtemps de cela !... mon oncle touchait à ses derniers moments !... nous étions rassemblés autour de lui... mes sœurs pleuraient... mes frères étaient au désespoir... moi, je ne pouvais pas pleurer... Le cœur brisé, j'étais debout devant le lit du mourant. « Joseph ! dit-il d'une voix presque éteinte... tu es l'aîné de la famille, mais souviens toi qu'en voici le chef. » Et ses yeux se fixèrent sur moi... son regard prophétique sembla me dire : Fortune et grandeur, c'est à toi seul qu'ils les devront. Ce fut sa dernière pensée ! mon cœur la recueillit avec orgueil, et, depuis, j'ai toujours senti là quelque chose qui me dit que j'accomplirai cela.

PATRAULT.

Cet espoir est d'un noble cœur, mon ami. Mais la carrière que vous voulez choisir offre de grands dangers ; et puis, la dignité d'un grade exige une position de fortune, et vous n'êtes pas riche...

BONAPARTE.

Mais si je deviens général, si je gagne des batailles !

ÆGIDIUS.

Général... il y tient, pour se faire tuer, ou aller mourir sur une terre étrangère !...

PATRAULT.

Quelle pensée !

BONAPARTE.

AIR :

Si mon courage est trahi par le sort,
Et s'il me faut au loin perdre la vie,
Mon dernier vœu sera qu'au lit de mort
   On me tourne vers ma patrie ;
Oui, c'est ainsi que je prétends finir,
Si l'ennemi me tient en sa puissance
   Afin que mon dernier soupir
Puisse encor voler vers la France !   *(Bis.)*

ÆGIDIUS.

Vous voulez la grandeur... l'illustration... Eh bien ! vous n'avez qu'un parti à prendre.

BONAPARTE.

Et lequel?

ÆGIDIUS.

C'est d'entrer dans les ordres .. Vous pouvez aspirer à la pourpre... devenir cardinal! quel destin! un élève de Brienne, cardinal!

BONAPARTE.

Et pape, peut-être!

ÆGIDIUS.

Pourquoi pas? avec une dose de vertus nécessaires.

BONAPARTE, à part.

Voilà le moment! (Haut.) Hum! ne les a pas qui veut... comme vous, maître Ægidius...

ÆGIDIUS.

Quoi? des vertus?

BONAPARTE.

Comme vous qui étouffez dans votre cœur toute rancune, pour tendre la main à un ennemi, à un rival malheureux.

ÆGIDIUS, embarrassé.

Quoi! vous avez compris...

BONAPARTE.

Que vous n'aviez saisi cette pétition en faveur du capitaine que pour l'apostiller.

ÆGIDIUS, à part.

Qu'est-ce qu'il dit? Qu'est-ce qu'il dit?

PATRAULT.

Vous auriez fait cela, Ægidius?

ÆGIDIUS.

Moi? par exemple!... c'est-à-dire... oui... certainement. (A part.) Allons, voilà que je ne peux plus le nier sans être ridicule!

PATRAULT.

Eh bien! donnez-moi ce placet, je veux l'apostiller comme vous.

ÆGIDIUS.

Le placet, où l'ai-je donc mis.

(Il cherche dans ses poches. Bonaparte le voit dans la poche de derrière, le prend et lui dit en le lui montrant.)

BONAPARTE.

Le voilà! (Bonaparte le donne à Patrault, qui le signe; pendant ce temps, Ægidius s'éloigne de Bonaparte qui a pris des mains de Patrault la plume pour la donner à maître Ægidius qui va sortir.) Eh bien! où est-il donc?... (Il va le prendre par le bras.) A votre tour maintenant, maître Ægidius!

(Il donne la plume à Ægidius.)

ÆGIDIUS.

Ah! oui, signer le placet, mais je l'ai signé.

BONAPARTE.

Non, pas encore. (Bonaparte le conduit à la table, il signe, prenant le placet.) Merci pour mon capitaine et pour moi, maître Ægidius.

ÆGIDIUS.

Diable de petit bonhomme, comme il vous mène. (On entend battre aux champs.)

○○

SCÈNE VI.

LES MÊMES, UN OFFICIER.

L'OFFICIER.

Son Excellence le ministre de la guerre arrive à l'instant.

PATRAULT.

Je vais aller le recevoir. Allons, noble enfant, obéis à ton étoile, et, quoi qu'il advienne, notre école sera fière un jour de t'avoir compté parmi ses élèves...

(Il sort avec Ægidius.)

○○

SCÈNE VII.

BONAPARTE, seul.

Ce que c'est que la diplomatie, je ne voulais que ma pétition et j'obtiens deux signatures; encore une victoire de gagnée. Décidément je serai général!... [(Il sort tout joyeux.)

○○○

2e TABLEAU.

Changement à vue.—Le théâtre représente l'esplanade de l'École avec un petit rempart au fond.

—

SCÈNE VIII.

LE MINISTRE DE LA GUERRE entouré de son état-major; **PATRAULT, ÆGIDIUS** et plusieurs professeurs causent avec lui.

LE MINISTRE.

Je vous remercie, messieurs, de votre aimable accueil, et je me plais à croire que ma présence cause vraiment la joie que vous m'exprimez... je suis instruit de vos travaux, des progrès de vos élèves, et même de leurs combats à boules de neige, comme prélude avant la véritable guerre... La mission que je remplis près de vous me sera douce si j'ai peu à punir et beaucoup à récompenser.

(Roulement de tambour en dehors.)

PATRAULT.

Votre Excellence va pouvoir juger par elle-même... voici les élèves de la deuxième division.

(On voit bientôt paraître tous les élèves sous les armes, quatre tambours marchent à leur tête. Bonaparte commande la troupe, qui traverse le théâtre à l'avant-scène, et vient se mettre en ligne devant le ministre.)

BONAPARTE.

Halte!... portez armes!... Premier peloton, deux pas en avant... Présentez armes! (Les tambours battent, le ministre et son état-major passent la revue des élèves en traversant les rangs.—Après la revue, sur un signe de Bonaparte, les tambours cessent de battre ; le ministre paraît satisfait. — Bonaparte, reprenant le commandement). Portez armes !... Premier peloton deux pas en arrière...

(Ici les évolutions militaires commencent. La petite troupe se forme tour à tour en peloton et en ligne au bruit des tambours.)

LE MINISTRE, après le mouvement.

Bien ! mes jeunes amis... J'aime cette réception militaire et franche... Je suis content de vous... J'espère que vous le serez de moi.

PATRAULT.

Monseigneur, voici les notes.

LE MINISTRE, lisant.

Duhausset !...

(L'élève Duhausset sort des rangs et présente les armes au ministre.)

ÆGIDIUS.

Le voici, monseigneur... Il fait des vers latins comme Virgile... Ils ne sont peut-être pas aussi beaux sous le rapport de la pensée, mais il est impossible d'en trouver de mieux scandés.

LE MINISTRE.

C'est à merveille. (A Duhausset.) Maintenant, mon ami, il faudra vous occuper de choses utiles.

ÆGIDIUS, visiblement contrarié.

Merci, monseigneur.

LE MINISTRE lisant.

Julien Darbel (Darbel sort des rangs) a fini ses classes... « Il mérite d'être particulièrement recommandé. » M. Darbel nous récompenserons vos progrès. (Lisant.) « Honoré de Lestrade !... (Lestrade à son tour sort aussi des rangs) donne des espérances. » Nous ne vous refuserons pas des encouragements. (Lisant.) « Napoléon Bonaparte !... »   (Bonaparte s'avance.)

PATRAULT.

Vous le voyez, monseigneur... Si Votre Excellence veut bien prendre connaissance de la note de M. de Keralio, l'inspecteur des études ..

LE MINISTRE.

Lisez vous-même.

PATRAULT lisant.

« Napoléon Bonaparte, né le 15 août 1769.
» Caractère soumis, honnête, reconnaissant,
» conduite très-régulière, s'est toujours distingué par son application aux mathématiques ;
» il sait très-passablement son histoire et sa
» géographie, il est assez fable pour les exercices d'agrément et pour le latin... »

ÆGIDIUS appuyant.

Et pour le latin.

PATRAULT.

« Où il n'a fait que sa quatrième. Ce sera un
» excellent marin ; il mérite de passer à l'école
» militaire de Paris... il ira loin si les circonstances le favorisent. »

LE MINISTRE.

Bravo ! jeune homme... Si le rapport est exact, vous serez un sujet précieux pour la France.

PATRAULT.

J'ose vous répondre qu'il fera son chemin.

BONAPARTE.

Du moins, monseigneur, le courage ne me manquera pas.

LE MINISTRE.

Vous vous nommez Napoléon ?

ÆGIDIUS.

Oui, un nom inconnu dans tous les calendriers.

BONAPARTE.

A qui la faute ? Il y a un grand nombre de saints et l'année n'a que 365 jours.

LE MINISTRE.

C'est juste... Écoutez, mon ami... Je ne vous ferai qu'une seule question... Dans vos études sur l'histoire, quelle pensée a fait naître en vous la défection du connétable de Bourbon ?

BONAPARTE.

Je la considère comme une infamie.

LE MINISTRE.

Sans doute... Oublier les bienfaits de son roi... c'est un crime !

BONAPARTE.

Son crime !... C'est d'être venu attaquer la France avec des étrangers.

LE MINISTRE.

On peut lui confier une épée, il ne s'en servira jamais contre la France .. (Aux élèves.) Nous nous reverrons aujourd'hui, mes amis.

BONAPARTE.

Excellence !... Au nom de toute l'école, permettez-moi de vous présenter ce placet en faveur du capitaine Morel notre instructeur.

LE MINISTRE.

Ce placet... à moi ?... Je le lirai, messieurs. (Sévèrement.) Mais le capitaine a commis une faute qui mérite un châtiment exemplaire... Vous le saurez plus tard, il n'appartient pas toujours à ceux qui exercent le pouvoir d'arrêter le cours de la justice .. Un conseil de guerre décide en ce moment du sort du capitaine.

∘∘∘∘∘∘∘∘∘∘∘∘∘∘∘∘∘∘∘∘∘∘∘∘∘∘∘∘∘∘∘∘∘∘∘∘∘∘

SCÈNE IX.

LES MÊMES, UN OFFICIER D'ÉTAT-MAJOR.

L'OFFICIER, présentant une lettre au ministre.

Il en a décidé, monseigneur, car il m'a chargé de vous présenter la sentence.

LE MINISTRE, après l'avoir ouverte.

Je m'en afflige avec vous, messieurs ; mais le capitaine Morel, de son aveu même, s'étant battu avec un officier, son supérieur, vient d'être condamné à cinq ans de détention dans une forteresse. Puisse cet exemple sévère vous apprendre à respecter toujours les lois militaires de votre pays. (Aux officiers de sa suite.) Venez avec moi, messieurs, recevoir le Conseil.

BONAPARTE.

Présentez armes !

(Les tambours battent aux champs ; le ministre sort avec les officiers et les professeurs.)

ÆGIDIUS, aux élèves, en sortant.

Vous l'avez entendu... respect aux lois militaires. . (A part.) Dans un an, je me vois directeur de l'École.

(Il sort — Murmures parmi les élèves.)

BONAPARTE.

Silence dans les rangs ! Portez armes ! haut les armes ! rompez vos rangs !

(Ici le temps se couvre, la neige tombe.)

∞∞∞∞∞∞∞∞∞∞∞∞∞∞∞∞∞∞∞∞∞∞∞∞∞∞∞∞∞∞∞∞∞∞

SCÈNE X.

BONAPARTE, LES ÉLÈVES, JOSÉPHINE. JACQUOT.

JACQUOT.

Par ici, mademoiselle ! Par ici...

JOSÉPHINE.

Ah ! monsieur Bonaparte, je sais tout, et viens vous implorer pour que vous m'aidiez à sauver mon père.

JACQUOT, pleurant.

Moi aussi, m'sieur Bonaparte... Car depuis que nous savons la nouvelle, Noirot et moi nous pleurons comme deux bêtes.

BONAPARTE, le poussant.

Il ne s'agit pas de pleurer... mais d'agir... La neige commence à tomber, nous ne manquerons pas de munitions. Je conçois un moyen qui nous permet peut-être encore de sauver le capitaine... Où l'a-t-on emprisonné ?

JACQUOT.

Dans la salle basse, près de la grande cour.

BONAPARTE.

Tant mieux ! à la faveur de nos combats à boules de neige tout peut réussir... Darbel, tu seras mon aide-de-camp... Bourrienne tu écriras et porteras mes ordres... de Lestrade dirigera le feu.

JACQUOT.

Et moi, monsieur Bonaparte ?

BONAPARTE.

Je te nomme intendant des subsistances et des équipages du train.

JACQUOT.

Avec Noirot ?... Ça me va. (Cris au dehors.)

DARBEL, regardant en dehors.

Justement, l'affaire est déjà engagée... Voilà la grande classe qui attaque nos redoutes... les petits ne peuvent pas soutenir le choc, allons à leur secours...

TOUS.

Allons à leur secours !

BONAPARTE.

Mon étoile vous protège... Vous avez pour vous César et sa fortune.

TOUS.

Aux armes !

(Bruit de trompette en dehors. — Ils sortent en désordre.

ACTE TROISIÈME.

Le théâtre représente la grande cour de l'École de Brienne. — A droite, au premier plan, l'aile d'un bâtiment, avec un escalier, vis-à-vis le public. — A gauche, une porte qui conduit au jardin du collège. — Au fond, un mur à hauteur d'appui. — Toute la décoration est couverte de neige.

SCÈNE I.

BONAPARTE, DARBEL, DE LESTRADE, DE VERVILLE, ÉLÈVES.

(De Lestrade est en faction au fond près du mur ; les autres sont groupés de tous les côtés ; ils pétrissent des boules de neiges. Au deuxième plan, à gauche, Bonaparte est monté sur un bloc de pierres ; il a une longue vue à la main. Le rideau se lève sur la fin d'une première attaque.)

CHŒUR.

AIR : du Château-Rouge de M. Nargeot.

Amis, ensemble combattons,
Frappons,
Repoussons,
Tous ces bataillons.

Renversons
Forts et bastions ;
En bons artilleurs,
De nos agresseurs,
Avant peu nous serons vainqueurs

BONAPARTE.

Frappez, troupe hardie,
Frappez à coups suivis,
Car l'armée ennemie
A les doigts engourdis ;
Vite il faut lui répondre ;
Demain, d'un seul rayon,
Le soleil pourrait fondre
Nos boulets de canon.
Bombardons,
Et lançons ; nos munitions
Tombent par flocons.

REPRISE DU CHŒUR.

Amis, ensemble combattons, etc.

(Ici, des boules de neiges sont lancées du dehors, et
viennent tomber sur les élèves, qui entourent
Bonaparte; ceux-ci jettent en criant leurs projectiles
à l'ennemi.)

DE LESTRADE, en sentinelle au fond.

Qui vive !

BONAPRTE.

Une patrouille ! laissez avancer.

DE LESTRADE.

Avancez à l'ordre !

SCÈNE II.

Les Mêmes, **DE LIGNOL** commandant une patrouille ; il s'arrête près de Bonaparte, qui est
descendu du bloc de neige.

BONAPARTE.

Eh bien ! quoi de nouveau ?

DE LIGNOL.

Le ministre a voulu rester sur le balcon
pour jouir du coup d'œil pendant la bataille.

BONAPARTE.

Tant mieux ; il jugera de nos manœuvres...
Mais, le capitaine ?...

DE LIGNOL.

Nous l'avons fait sortir de la salle où il était
enfermé ; il doit être dans la troisième cour,
où il n'aura plus qu'un mur à franchir.

B NAPARTE.

Bien ! qu'il profite du plus fort de la mêlée
pour sortir de l'école ; demain il pourra gagner
les frontières de la Suisse, où il sera en sûreté.

DARBEL.

Tout cela est superbe ; mais vous voyez un
héros à moitié gelé.

AIR : *Je loge au quatrième étage.*

J'ai cette main toute transie ;

BONAPARTE.

Moi, j'aime beaucoup ce temps-là.

DE LESTRADE.

C'est qu'il neige comme en Russie.

BONAPARTE.

Devons-nous songer à cela ?

Amis, sur un champ de bataille,

Il faut savoir se signaler ;

L'hiver ainsi que la mitraille,

Ne me feront jamais trembler. (*Bis.*)

SCÈNE III.

Les Mêmes, **JACQUOT** accourant ; il a le nez tout
rouge et l'œil poché.

JACQUOT.

Oh ! la ! la ! oh ! la ! la ! v'là comme les en-
nemis viennent de m'arranger... Je me suis

approché trop près de l'épaulement de la troisième parallèle et j'ai reçu un camouflet !

TOUS, riant.

Ah ! ah ! ce pauvre Jacquot !

BONAPARTE, bas à Jacquot.

Mais que viens-tu m'annoncer ?

JACQUOT.

Un malheur, général !... Le capitaine allait
franchir le mur de clôture... quand une sentinelle... une vraie !... postée là sans doute par
ordre supérieur, lui a barré le passage.

BONAPARTE.

Diable ! et qu'as-tu fait ?

JACQUOT.

Dame ! j'ai eu recours à mon esprit...

BONAPARTE.

Ah ! nous sommes perdus !

JACQUOT.

Et à ma cariole que je traînerai soi-même,
parce que Noirot est poulmonique ! j'espère
décider le capitaine à monter dedans, et à s'y
cacher jusqu'à l'heure où je dois aller chercher
les légumes, je prometterai à mon oncle de
lui rapporter des poireaux... Comme il raffole
de cette herbe potagère, il m'ouvrira la porte,
et la cariole fera le reste.

BONAPARTE.

Très-bien. Mais on pourrait s'étonner de notre calme et concevoir des soupçons. (On entend de nouveaux cris au dehors ; des boules de neige
tombent sur les élèves.) Mes amis, c'est l'arrière-
garde qui jette son dernier feu. (Il va regarder la
position.) Soldats ! l'ennemi fait un mouvement
de flanc... il se dirige du côté du réfectoire...
qu'on l'enfonce en masse... Il ne faut jamais
laisser la victoire incomplète !... Ramassez-la
neige.. tirez à bout portant ! et que tous les
morts viennent faire leur soumission.

(Musique. — Le bombardement recommence.)

BONAPARTE, appelant.

Darbel ! (Il lui parle à voix basse.)—De Lestrade !
(même jeu.) — Bourienne ! (même jeu.) — (Tous
reprennent leur pelotons et se mettent en marche en
criant.)

REPRISE DE L'ENSEMBLE.

Mes amis, bombardons, etc., etc.

SCÈNE IV.

Les Mêmes, **ÆGIDIUS.**

ÆGIDIUS, entrant par le fond, tout couvert de neige
et cerné au milieu du combat.

Assez ! assez ! respect à l'autorité !... les che-
napans ! Non contents d'avoir brisé mes vitres,
ils m'ensevelissent sous une avalanche, je dois
ressembler au mont Saint-Bernard... le jeune
Du Hausset m'a dit juste, ils veulent protéger
l'évasion de ce maudit capitaine, mais j'aura

l'œil à la cariole, et je ferai tout manquer...
(On lui jette des boules de neige en riant.) Assez !
vous dis-je ! (Tirant un mouchoir de sa poche.) Il
n'y a qu'un moyen... c'est de déployer le dra-
peau parlementaire. (Il agite son mouchoir ; nou-
velles boules de neige.) Encore ! Je ferai mettre
toute l'école au pain et à l'eau pour quinze
jours. (En voulant se soustraire aux attaques des élèves, il glisse et tombe à terre ; il se relève et sort.)

SCÈNE V.

Les Mêmes, excepté Ægidius.

(Tous les élèves criant :)
Victoire !

DARBEL.

Dis donc, Bonaparte, on amène des prisonniers, il y en a un qui saigne au nez...
(Entrée des prisonniers.)

BONAPARTE, les saluant en ôtant son chapeau.
Honneur au courage malheureux !...

DARBEL.
Où faut-il mettre les prisonniers ?

BONAPARTE.
Dans la cabane du jardinier, avec les brouet-
tes et les rateaux... tu placeras une sentinelle
à la porte ! (Il remonte sur le bloc de neige ; tous
l'entourent.) Soldats! vous avez justifié mon at-
tente et répondu dignement à ma confiance...
l'orgueil trop longtemps souffert de la classe
de latinité s'est vu rabaissé par la classe de
mathématiques ; tant que vous serez animés du
même esprit de justice, rien ne pourra vous
résister ; la victoire sera fidèle à votre éten-
dard, et je dirai un jour : j'ai commandé aux
premiers soldats du monde !

TOUS.
Vive notre général !   (Roulement de tambour.)

JACQUOT, accourant.
Messieurs... v'là Son Excellence.

SCÈNE VI.

Les Mêmes, Le Ministre, suivi de ses officiers et de deux soldats. Tous les élèves se mettent
sur deux lignes.

LE MINISTRE.
J'arrive à temps, messieurs, pour vous féli-
citer de votre élan dans le combat, mais aussi
pour vous exprimer mon étonnement de voir
de si vaillants soldats manquer à un principe
respecté, surtout dans une école militaire, en
essayant de soustraire à la justice des lois celui
qu'elles viennent de frapper...

JACQUOT, à part.
La mèche est éventée... v'là le moment de
filer aux légumes.   (Il s'esquive par le fond.)

LE MINISTRE.
Eh bien ! pas de réponse ?... personne ici
n'a d'excuse à donner ?

BONAPARTE.
Nous n'en avons qu'une, Excellence... c'est
que nous n'étions pas chargés de la garde du
prisonnier... les élèves de Brienne ne sont ni
des sbires, ni des espions... s'il vous apparte-
nait de faire condamner le capitaine, il nous
était permis d'essayer de le sauver... nous qu'il
a aimés et instruits.

LE MINISTRE.
Et de quel droit ?

BONAPARTE.
Du droit de la reconnaissance... qui, je le
sais, ne figure pas dans les codes, mais qui
sera toujours écrit dans les cœurs.

LE MINISTRE.
Mais, imprudents, ignorez-vous que le coupable qui veut se soustraire à son châtiment
perd tout recours à l'indulgence ?

BONAPARTE.
Le capitaine ignorait ce que nous voulions
faire pour lui.

LE MINISTRE.
Vous vous trompez ! Le capitaine Morel a si
bien participé à votre conspiration, que, pendant
ce brillant combat dont je comprends le but
maintenant... il a trouvé un refuge, là, dans
cette voiture. (Il indique la cariole qui traverse le
fond, traînée par Jacquot. — Musique.) J'ordonne
qu'il en sorte à l'instant.
(Sur un signe du ministre, deux soldats découvrent la
voiture, Ægidius apparaît accroupi au milieu des
légumes et des bottes de paille.)

TOUS les élèves riant.
Ah ! c'est maître Ægidius...

JACQUOT.
Faut qu'il soit venu là comme les petits
enfants sous un chou...

LE MINISTRE.
Mais, monsieur, que faisiez-vous là-dedans !

ÆGIDIUS.
Monseigneur, je veillais à l'ordre et à la
dignité de l'école.

JACQUOT.
Avec des choux ? En v'là une bêtise pom-
mée !

LE MINISTRE.
On m'avait fait un faux rapport.

SCÈNE VII.

Les Mêmes, Le Capitaine, entrant de
gauche.

LE CAPITAINE.
Oui, monseigneur, car me voici, je n'ai pas
voulu profiter du dévouement de mes élèves

qui se seraient compromis pour moi, et je viens me livrer à vous...

LE MINISTRE.

C'est bien, capitaine... (A Bonaparte.) J'ai lu la pétition que vous aviez dictée, Monsieur Bonaparte... Il paraît qu'ici chacun suit vos idées et vos conseils... Vous dirigez, dit-on, jusqu'à vos supérieurs... Vous croyez peut-être aussi pouvoir me dicter la conduite que je dois tenir en ce moment comme ministre du roi Le capitaine est condamné à cinq ans de détention... l'arrêt est positif, il faut qu'il s'exécute !

BONAPARTE.

C'est trop juste, monseigneur... mais un ministre du roi est libre, en pareil cas, de choisir le lieu de la détention.

LE MINISTRE.

Eh bien ?

BONAPARTE.

Eh bien ! choisissez Brienne... et nommez le capitaine directeur de l'école ; qu'il reste là cinq ans en prison, et cette fois nous nous chargeons de le bien garder !

LE MINISTRE à part.

Il a réponse à tout.

ÆGIDIUS s'avançant.

Excellence, je vous ferai observer qu'il y a vingt ans que je sollicite cette faveur... (A voix basse au ministre.) D'ailleurs, grâcier un coupable, c'est d'un déplorable exemple !...

LE MINISTRE.

Que dites-vous là, monsieur ? N'avez-vous pas aussi signé cette pétition ?

ÆGIDIUS à part.

C'est juste ! Maudit petit bonhomme ! Il m'a enlacé comme le serpent !

TOUS LES ÉLÈVES, entourant le ministre.

Oh ! monseigneur !

LE MINISTRE souriant.

Allons, je ferai comme tout le monde. (A Bonaparte.) J'exécuterai vos ordres, Monsieur Bonaparte.

LES ÉLÈVES, très-joyeux.

Vive son excellence !

BONAPARTE.

Remerciez-nous, Monsieur Ægidius... On vous a traité comme une forteresse... Après vous avoir bombardé, on vous a fait sauter.

ÆGIDIUS à Bonaparte.

Vous ne saurez jamais le latin.

(Roulement de tambour. — Tous les élèves prennent leurs fusils. — Le ministre s'éloigne avec son état-major.)

BONAPARTE au public.

AIR : *du Hussard*, du 1er acte.

De l'élève de Brienne
J'empruntai l'habit, pardon ;
Il est temps que je reprenne,
Enfin, mon sexe et mon nom.
Entre nous quelle distance.
Et pourtant, malgré cela,
Je vois une ressemblance !
Je vous aime, il vous aima...
    C'est cela. (*Bis.*)
Aimez-moi comme il vous aima.

(S'adressant à sa petite troupe) :

A droite et à gauche, marche ! Division, présentez armes !

(Tous les élèves se mettent en ligne et font face au public.) Les tambours battent. — Le rideau baisse.

FIN DE BONAPARTE A L'ÉCOLE DE BRIENNE.

Paris. — Imprimerie de Dubuisson et Cⁱᵉ, rue Coq-Héron, 5.

Titre	Prix
Jean, vaud., 3 a.	60
Jean Lenoir, v., 2 a.	60
Jeanne d'Arc, dr., 5 a.	60
Jeanne d'Arc, trag., 5 a.	1
Jeanne et Jeanneton, dr., 5 actes	60
Jean de Bourgogne, c., 3 actes.	60
Jésuite (le), dr., 3 a.	60
Jeune femme colère (la), com., 1 a.	60
Jeune Mari (le), c., 3 a.	60
Jeunesse de Henri V, c., 5 actes.	
Jeunesse de Richelieu (la), com., 5 actes.	60
Journée (la), d'une jolie Femme, vaud., 5 a.	60
Judith, vaud., 2 a.	60
Judith, tr., 3 a.	1
Juive (la), grand opéra, 5 actes.	1
Jumeaux Béarnais (les), dr., 4 a.	60
Justice de Dieu (la), drame, 5 a.	60
Kean, drame, 5 actes.	60
Kettly ou le Retour en Suisse, vaud., 1 a.	60
Kiosque (le), op.-com., 1 acte.	60
Lac des Fées (le); grand opéra, 5 actes.	1 f.
Lady Seymour, dr., 5 a.	60
Laitière de la Forêt (la), vaud., 2 actes.	60
Laitière de Montfermeil, vaud., 5 actes.	60
Lambert-Simnel, op.-c., 3 actes.	60
Landaw (le), v., 1 act.	60
Latude, dr., 5 actes.	63
Lazare le Pâtre, drame, 5 actes.	63
Léonide, com.-v., 3 act.	60
Léontine, dr.-v., 3 act.	60
Lisbeth ou la Fille au laboureur, dr., 3 act.	80
Liste de mes maîtresses (la), vaud., 1 a.	60
Lorgnon (le), v., 1 acte.	60
Louis XI, trag., 5 act.	60
Louise, ou la Réparation, vaud., 2 actes.	60
Louise de Lignerolles, drame, 5 actes.	1 f.
L'une pour l'autre, com., 1 acte.	60
Lucie de Lamermoor, op., 3 actes.	1 f.
Lucile, drame, 3 actes.	60
Lune de miel (la), vaud., 2 actes.	60
Lune rousse (la), v., 1 a.	60
Luxe et Indigence, com., 5 actes.	60
Machabées (les), drame, 5 actes.	60
Maçon (le), op.-c., 3 a.	60
Madame Barbe-Bleue, v., 2 actes.	60
Madame de Brienne, dr., 2 actes.	60
Madame du Barry, v., 3 actes.	60
Madame de Lucenne, c., 3 actes.	60
Madame de Sévigné, v., 3 actes.	60
Madame Duchâtelet, v., 1 acte.	60
Madame Gibou et madame Pochet, v., 5 a.	1
Madame Grégoire, vaud., 2 actes.	60
Madame Lavalette, dr., 2 actes.	60
Mademoiselle Bernard, vaud., 1 acte.	60
Mademoiselle d'Aloigny,	60
Mademoiselle de Belle-Isle, com., 5 actes.	1 f.
Mademoiselle de Choisy, vaud., 3 actes.	60
Mademoiselle de Mérange, op.-com., 1 a.	60
Mademoiselle Desgarcins, vaud., 1 acte.	60
Mademoiselle Rose, com., 3 a.	60
Ma Femme et mon Parapluie, vaud., 1 act.	60
Magasin de la graine de lin (le), vaud., 1 a.	60
Main de Fer (la), opér.-com., 3 a.	60
Maison en loterie (la), vaud., 1 a.	60
Maîtresse de Poste (la), vaud., 1 a.	60
Malheurs d'un Amant heureux (les), v., 2 a.	60
Malheurs d'un joli garçon (les), vaud., 1 a.	60
Mal Noté dans le quartier, vaud., 1 a.	60
Malvina, vaud., 2 a.	60
Manon une épisode de la Fronde.	1
Mansarde des Artistes (la), vaud., 1 a.	60
Mantille (la), op.-c., 1 a.	60
Marché de Londres, dr., 5 actes.	60
Marguerite, op.-c., 3 a.	60
Mari à la campagne, (le), c., 3 actes.	60
Mari de sa cuisinière (le), vaud., 2 a.	60
Mari de ma femme (le), com., 3 a.	60
Mari et l'Amant (le), com., 1 a.	60
Mariage d'argent (le), com., 5 a.	60
Mariage de raison, v., 2 actes.	60
Mariage extravagant, v., 1 a.	60
Mariage impossible (le), vaud., 2 a.	60
Marie Mignot, v., 3 a.	60
Marie, ou le Dévouement, dr., 3 a.	60
Marie Stuart, trag., 5 a.	60
Marie de Rohan, opéra, 3 actes.	1 fr.
Marie Jeanne, dr., 5 a.	60
Marie Stuart, op., 5 a.	1
Marino Faliero, drag., 5 actes.	60
Maris sans femmes (les), vaud., 1 a.	60
Maris vengés (les), v., 5 actes.	60
Marius à Minturnes, trag., 5 a.	1 f.
Marquis de Brunoy (le), drame, 5 actes.	60
Marquis de Carabas (le), vaud., 2 actes.	60
Marquise de Rantzau (la), vaud., 2 actes.	60
Marraine (la), v., 1 act.	60
Masaniello, op.-com., 4 actes.	60
Mathilde, drame, 5 a.	60
Médisant (le), coméd., 5 actes.	60
Mémoires d'un colonel de hussards, vaudeville, 4 actes.	60
Ménestrel (le), coméd., 5 actes.	60
Mère au bal et la Fille à la maison (la), v., 2 actes.	60
Mère de famille, vaud., 1 acte.	60
Michel Bremond, dr., 5 a.	1
Michel et Christine, v., 1 acte.	60
Michel Perrin, vaud., 2 actes.	60
Mil sept cent soixante, com., 1 acte.	80
Mina, opéra-com., 3 a.	60
Miracle des Roses, dr., 5 act.	1
Misanthropie et repentir, comédie, 5 actes.	60
Moiroud et compagnie, vaudev., 1 acte.	60
Mon coquin de neveu, vaud., 1 acte.	60
Monsieur Chapolard, v., 1 acte.	60
Monsieur Sans-Gêne, v., 1 acte.	60
Monte-Cristo, drame, 10 actes, Dumas.	2
Mousquetaires (les), dr., 5 actes, Dumas.	1
Mousquetaires de la reine (les), op.-com., 3 actes.	1
Muette de Portici (la), gr. opéra, 5 actes.	1 fr.
Mystères de Paris (les), drame, 5 actes.	1 fr.
Mystères de Passy (les), parodie en 11 tabl.	60
Nanon, Ninon et Maintenon, v., 3 actes.	60
Napoléon, dr., 9 tabl.	60
Naufrage de la Méduse (le), op.-com., 4 act.	60
Naufrageurs (les), dr., 3 actes.	60
Neige (la), op.-com., 4 actes.	60
Nicolas Nickleby, dr., 5 actes.	60
Ninon chez Madame de Sévigné, op.-c., 1 a.	60
Nizza de Grenade, op., 3 actes.	1
Noémie, vaud., 2 actes.	60
Norma, trag. 5 a.	60
Norma, op., 3 actes.	1
Nouvelle Héloïse (la), dr. 3 actes.	60
Nouvelles d'Espagne (les), c., 1 acte.	60
Nouveau Pourceaugnac, (le), vaud., 1 acte.	60
Nuées (les), comédie en 2 actes.	60
Nuit du meurtre (la), dr., 5 actes.	60
Obstacle imprévu (l'), coméd., 3 actes.	60
Ogresse (l'), v. 2 act.	60
Oiseaux de Boccace, v., 1 acte.	60
Oncle Baptiste, vaud., 2 actes.	60
Oscar, coméd., 3 actes.	60
Othello, op., 3 actes.	1
Ours et le Pacha (l'), v., 1 acte.	60
Ouverture de la chasse (l'), vaud., 1 acte.	60
Ouvriers (les), v., 1 a.	60
Pacte de famine (le), dr., 5 act.	60
Panier fleuri (le), op.-com., 1 acte.	60
Paquerette, v., 1 a.	60
Paria (le), trag., 5 actes.	60
Parleur éternel et le Turc (le).	60
Part du diable (la), op.-com., 3 actes.	60
Passé midi, v., 1 acte.	60
Passé minuit, v., 1 acte.	60
Passion secrète (la), c., 4 act.	60
Paysan perverti (le), vaud., 3 actes.	60
Pénitents blancs (les), vaud., 2 actes.	60
Père de famille (le), dr., 5 actes.	60
Père de la débutante (le), vaud., 5 actes.	60
Père Pascal (le), vaud., actes.	60
Périnet Leclerc, drame, 5 actes.	60
Permission de dix heures, v., 1 a.	60
Perruquier de la régence, op.-com., 3 actes.	60
Petit homme gris, v., 4 acte.	60
Petit Chaperon rouge, op.-com., 3 actes.	60
Péché et pénitence, v., 1 acte.	60
Phare de Bréhat, v., 1 acte.	60
Philippe, vaud., 1 acte.	60
Philantropes (les), c., 3 actes.	60
Philosophe sans le savoir (le), c. 5 a.	60
Philtre (le), grand op., 2 actes.	60
Philtre champenois (le), vaud., 1 acte.	60
Phœbus ou l'Écrivain public, vaud., 2 a.	60
Picaros et Diego, op.-com., 1 acte.	60
Pied de mouton (le), v., 3 actes.	60
Pie voleuse, dr., 3 a.	60
Pie voleuse, op.-com., 3 actes.	60
Pioupiou (le), v., 2 a.	60
Planteur (le), op.-com., 2 actes.	60
Plus beau jour de la vie (le), v., 2 actes.	60
Poil de la prairie (le), com. 3 actes.	60
Polder ou le Bourreau, dr., 3 actes.	60
Poletais (les), v., 2 a.	60
Polka (la), v., 1 a.	60
Poltron (le), v., 1 a.	60
Pontons (les), dr. 5 a.	60
Popularité (la), coméd., 5 actes.	60
Portrait vivant, c., 3 a.	60
Postillon de Lonjumeau, (le), op.-com., 3 a.	60
Poupée (la), v., 1 a.	60
Pourquoi? v., 1 a.	60
Pré-aux-Clercs, op.-c., 3 actes.	60
Précepteur à vingt ans (le), v., 2 a.	60
Première affaire (la), com., 3 actes.	60
Premières amours (les), vaud., 1 acte.	60
Prétendante (la), com., 3 actes.	60
Prétendants (les), com., 3 actes.	60
Préville et Taconnet, v., 1 a.	60
Princesse Aurélie (la), com., 5 a.	60
Prison d'Edimbourg (la), op.-c., 3 a.	60
Projets de mariage (les), com., 1 a.	60
Prophète (le), op., 5 a.	1 fr.
Prosper et Vincent, v., 2 actes.	60
Protégé (le), v., 1 a.	60
Puits d'amour, op.-c., 3 actes.	1 fr.
Pupilles de la garde, v., 2 actes.	60
Pauvre Jacques, v., 1 a.	60
Paysans (les), dr., 5 a.	60
Quaker et la danseuse, v., 1 a.	60
Quatre-vingt-dix-neuf moutons, v., 1 a.	60
Rabelais ou le curé de Meudon, v., 1 a.	60
Ravel en voyage, v., 1 acte.	60
Raymond Varney, dr.,	60
Rébecca, v., 2 a.	60
Régine ou les deux nuits, op.-com., 2 a.	60
Reine de Chypre, op., 5 actes.	1 fr.
Reine de seize ans (la), v., 2 a.	60
Rendez-vous Bourgeois, (les), op.-com., 1 a.	60
République, l'Empire et les Cent jours (la).	60
Rêve du mari ou le manteau, c., 1 a.	60
Richard d'Arlington, dr., 5 a.	60
Richard en Palestine, op., 5 a.	1 fr.
Richard Savage, dr., 5 a.	60
Rigoletti, v., 1 a.	60
Rivaux d'eux-mêmes (les), c., 1 a.	60
Robert, chef de brigands, dr., 5 a.	60
Robert d'Evreux, op., 3 actes.	1
Robert-le-Diable, op., 5 actes.	1 fr.
Robin des bois, op.-c., 3 actes.	60
Rodolphe, dr., 1 a.	60
Roman (le), c., 5 a.	60
Roman de Pension (un), v., 1 acte.	60
Roman d'une heure (le), c., 1 a.	60
Rose jaune (la), v., 1 a.	60
Rose de Péronne (la), op.-com., 3 a.	60
Rue de la Lune (la), v., 1 acte.	60
Ruy-Brac, parodie de Ruy-Blas.	60
Saltimbanques (les), v., 3 actes.	60
Samuel le marchand, dr., 5 a.	60
Sans tambour ni trompette, v., 1 a.	60
Satan ou le Diable à Paris, c.-v., 4 a.	60
Saül, trag., 5 actes.	60
Seconde année (la), v., 1 acte.	60
Secondes noces, v., 2 a.	60
Secret de la confession, (le), dr., 5 a.	60
Secret du ménage (le), com., 3 a.	60
Secret du soldat (le),	60
Secrétaire (le) et le Cuisinier, v., 1 a.	60
Sept heures, dr., 3 a.	60
Serment de collège (le), vaud., 1 a.	60
Shérif (le), op.-comique, 3 actes.	60
Sirène (la), op.-comique, 3 actes.	64
Sœur de Jocrisse (la), v., 1 acte.	60
Soldat de la Loire (le), dr., 1 a.	60
Somnambule (la), v., 2 actes.	60
Sonneur de Saint-Paul (le), dr., 5 a.	60
Sophie Arnould, vaud., 5 actes.	60
Suisse de Marly (le), v., 1 acte.	60
Sujet et duchesse, dram., 3 actes.	60
Surprises (les), v., 1 a.	60
Susceptible (le), c., 1 a.	60
Suzette, vaud., 2 a.	60
Symphonie (la), op.-c., 1 acte.	60
Talismans (les), drame, 5 actes.	60
Tasse (le), dr., 5 a.	60
Temple de Salomon (le), dr., 5 a.	80
Térésa, drame, 5 a.	60
Thérèse ou l'Orpheline de Genève, dr., 3 a.	60
Thérèse, op.-c., 2 a.	60
Tisserand de Ségovie (le), trag. en 5 actes.	60
Tôt ou tard, com., 3 a.	60
Toujours ou l'Avenir d'un fils, v., 2 a.	60
Toupinel, vaud., 2 a.	60
Tour de Nesle (la), dr., 5 actes.	60
Tout pour de l'or, dr., 5 actes.	60
Trafalgar, vaud., 1 a.	60
Treize (les), op.-c., 3 a.	60
Trente ans ou la Vie d'un joueur, dr., 3 a.	60
Tribut des cent vierges (le), dr., 5 a.	60
Trois Gobe-Mouches, v., 4 act.	60
Turlurette, vaud., 1 a.	60
Tutrice (la), com., 3 a.	60
Un bal de grisettes, v., 1 acte.	60
Un Duel sous Richelieu, dr., 3 a.	60
Un fils, mélodr., 4 a.	

Un mari charmant, v., 1 acte. 60
Un mari du bon temps, vaud., 1 acte, 60
Un mari, s'il vous plaît, vaud., 1 acte. 60
Un ménage parisien, dr., 2 actes. 60
Un moment d'imprudence, com., 3 a. 60
Un monsieur et une dame, vaud., 1 a. 60
Un page du régent, vaud., 1 acte. 60
Un péché de jeunesse, v., 1 acte. 60
Un premier amour, v., 3 actes, 60
Un scandale, v., 1 acte. 60
Un veuvage, com., 3 a. 60
Un testament de dragon, vaud., 1 acte. 60
Un vieux de la vieille, v., 1 acte. 60
Une aventure de Scaramouche, opéra. 1 f.
Une double leçon, com., 1 acte. 60
Une famille au temps de Luther, trag., 1 a. 60
Une faute, vaud., 2 a. 60
Une femme laide, vaud., 2 actes. 60
Une fête de Néron, tr., 5 actes, 60
Une chaîne, com., 5 act. 60
Une heure de mariage, op.-com., 1 a. 60
Une invasion de grisettes, vaud., 2 a. 60
Une journée à Versailles, com., 3 a. 60
Une nuit au sérail, v., 2 actes. 60
Une position délicate, v., 1 acte. 60
Une présentation, com., 3 actes. 60
Une Saint-Hubert, com., 1 acte. 60
Une vision ou le Sculpteur, vaud., 1 a. 60
Une visite nocturne, v., 1 acte. 60
Vagabond (le), dr., 1 a. 60
Val d'Andorre (le), op.-com., 3 actes. 1 f.
Valentine, vaud., 2 a. 60
Valérie, com., 3 a. 60
Veau d'or (le), v., 2 a. 60
Vêpres (les) siciliennes, trag., 5 a. 60
Verre d'eau, com., 5 a. 60
Vert-Vert, vaud., 3 a. 60
Veuve de la Grande armée (une), dr.-v., 4 a. 60
Vie de château (la), v., 2 actes. 60
Vie de garçon, v., 2 a. 60
Vie d'un comédien, com., 4 actes. 60
Vieille (la), op.-com., 1 acte. 60
Vieux péchés (les), vaud., 1 acte. 60
Vingt-six ans, v., 2 a. 60
Voisin Bagnolet (le), v., 1 acte. 60
Voyage à Dieppe (le), c., 3 actes. 60
Voyage de Robert Macaire, vaud., 1 a. 60
Werther ou les Egarements, vaud., 1 a. 60
Yelva ou l'Orpheline russe, vaud., 2 a. 60
Zampa ou la Fiancée de marbre, op.-com., 3 a. 60
Zoé ou l'Amant prêté, vaudev. 60

Pièces de VICTOR HUGO, à 60 centimes :

ANGÉLO, drame en 3 actes.
BURGRAVES (les), trilogie.
ESMÉRALDA (la), opéra en 4 actes.

HERNANI, drame en 5 actes.
LUCRÈCE BORGIA, drame en 3 actes.
MARIE TUDOR, drame en 3 actes.

MARION DELORME, drame en 5 actes.
ROI S'AMUSE (le), drame en 5 actes.
RUY-BLAS, drame en 5 actes.

LE CUISINIER ROYAL,

Un volume in-octavo, par VIART. — Prix : 5 francs.

ON TROUVE A LA MÊME LIBRAIRIE :

LE CHASSEUR AU CHIEN D'ARRÊT,

Contenant les habitudes, les ruses du Gibier, l'art de le chercher et de le tirer, le choix des Armes, l'Education des Chiens, leurs maladies, etc.

PAR ELZÉAR BLAZE,

3e édition. — 1 vol. in-8°. — Prix 7 fr. 50 c.

LE CHASSEUR AU CHIEN COURANT,

Contenant les habitudes, les ruses des Bêtes ; l'Art de les quêter, de les juger et de les détourner, de les attaquer, de les tirer ou de les prendre à force ; l'éducation du Limier, des Chiens courans, leurs maladies, etc.

PAR ELZÉAR BLAZE,

2 volumes in-8°. — Prix : 15 francs.

HISTOIRE DU CHIEN

CHEZ TOUS LES PEUPLES DU MONDE, d'après la Bible, les pères de l'Eglise, le Koran, Homère, Aristote, Xénophon, Hérodote, Plutarque, Pausanias, Pline, Horace, Virgile, Ovide, Jean Caius, Paulini, Gessner, etc.

PAR ELZÉAR BLAZE,

Un vol. in-8°. — Prix : 7 fr. 50 cent.

La vie militaire sous l'Empire,

OU

MŒURS DE LA GARNISON, DU BIVOUAC ET DE LA CASERNE,

par **EL. BLAZE,**

DEUX VOLUMES IN-8, — PRIX 15 FR.

LE CHASSEUR AUX FILETS

OU LA CHASSE DES DAMES,

Contenant les habitudes, les ruses des petits Oiseaux, leurs noms vulgaires et scientifiques, l'art de les prendre, de les nourrir et de les faire chanter en toute saison, la manière de les engraisser, de les tuer et de les manger.

PAR ELZÉAR BLAZE,

1 vol. in-8°, avec pl. gravées. — Prix : 7 fr. 50 c.

LE MÊME, grand papier vélin, imprimé en encre rouge. — Prix : 15 fr.

CABINET SECRET DU MUSÉE ROYAL DE NAPLES.

1 beau volume in-4° grand raisin vélin, orné de 60 planches coloriées, représentant les peintures, les bronzes et statues érotiques qui existent dans ce cabinet. Au lieu de 100 fr., broché ..... 60 fr.
LE MÊME, figures noires, broché 40
— figures coloriées sur chine, demi-reliure en veau ... 80
— figures noires sur chine, demi-reliure en veau 70
— doubles fig. noires et coloriées, cartonné à la Bradel. 90
— avec les deux collections de gravures sur papier de Chine parfaitement coloriées, demi-rel., dos en veau à nerfs .. 120

L'art ancien et l'art au moyen-âge ne se piquaient pas d'une pudeur bien chaste ; les plus admirables chefs-d'œuvre sont souvent accompagnés de détails obscènes qui en rendent impossible l'exposition aux yeux de tous. Le cabinet secret du roi de Naples est la seule galerie au monde où l'on se soit proposé de réunir tous les chefs-d'œuvre impudiques. Le livre qui les reproduit est l'indispensable complément de toutes les collections de musées, et doit trouver place dans un coin secret de la bibliothèque de l'artiste et de l'amateur.

RUSSIE, ALLEMAGNE ET FRANCE,

Révélations sur la politique russe,

D'APRÈS LES NOTES D'UN VIEUX DIPLOMATE,

par M. FOURNIER. — 1 vol. in-8°, prix : 4 fr.

JEANNE D'ARC,

Par A. SOUMET. — 1 vol. in-8°, prix 5 fr.

THÉATRE DU MÊME,

1 vol. in-8°, prix : 4 fr.

Paris, — Imprimerie de DUBUISSON et Ce, rue Coq-Héron, 5.